Zhongguo Wenhua
Zhishi Duben

中国文化知识读本

主编　金开诚

编著　李明望

中国古代陵墓雕塑

吉林出版集团有限责任公司

吉林文史出版社

图书在版编目（CIP）数据

中国古代陵墓雕塑 / 李明望编著 . —长春：吉林
出版集团有限责任公司：吉林文史出版社，2009.12（2022.1重印）
（中国文化知识读本）
ISBN 978-7-5463-1535-5

Ⅰ.①中… Ⅱ.①李… Ⅲ.①陵墓－雕塑－简介－中
国－古代 Ⅳ.① K879.3

中国版本图书馆 CIP 数据核字（2009）第 222511 号

中国古代陵墓雕塑

ZHOGNGUO GUDAI LINGMU DIAOSU

主编/ 金开诚 编著/李明望

责任编辑/曹恒 于涉 责任校对/王凤翎

装帧设计/曹恒 摄影/金诚 图片整理/董昕瑜

出版发行/吉林文史出版社 吉林出版集团有限责任公司

地址/长春市人民大街4646号 邮编/130021

电话/0431-86037503 传真/0431-86037589

印刷/三河市金兆印刷装订有限公司

版次/2009 年 12 月第 1 版 2022 年 1 月第 4 次印刷

开本/650mm×960mm 1/16

印张/8 字数/30千

书号/ ISBN 978-7-5463-1535-5

定价/34.80元

关于《中国文化知识读本》

　　文化是一种社会现象，是人类物质文明和精神文明有机融合的产物；同时又是一种历史现象，是社会的历史沉积。当今世界，随着经济全球化进程的加快，人们也越来越重视本民族的文化。我们只有加强对本民族文化的继承和创新，才能更好地弘扬民族精神，增强民族凝聚力。历史经验告诉我们，任何一个民族要想屹立于世界民族之林，必须具有自尊、自信、自强的民族意识。文化是维系一个民族生存和发展的强大动力。一个民族的存在依赖文化，文化的解体就是一个民族的消亡。

　　随着我国综合国力的日益强大，广大民众对重塑民族自尊心和自豪感的愿望日益迫切。作为民族大家庭中的一员，将源远流长、博大精深的中国文化继承并传播给广大群众，特别是青年一代，是我们出版人义不容辞的责任。

　　《中国文化知识读本》是由吉林出版集团有限责任公司和吉林文史出版社组织国内知名专家学者编写的一套旨在传播中华五千年优秀传统文化，提高全民文化修养的大型知识读本。该书在深入挖掘和整理中华优秀传统文化成果的同时，结合社会发展，注入了时代精神。书中优美生动的文字、简明通俗的语言、图文并茂的形式，把中国文化中的物态文化、制度文化、行为文化、精神文化等知识要点全面展示给读者。点点滴滴的文化知识仿佛繁星，组成了灿烂辉煌的中国文化的天穹。

　　希望本书能为弘扬中华五千年优秀传统文化、增强各民族团结、构建社会主义和谐社会尽一份绵薄之力，也坚信我们的中华民族一定能够早日实现伟大复兴！

目录

一
秦汉陵墓雕塑

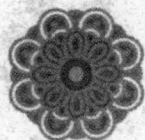

秦始皇兵马俑

俑，最初是替代奴隶殉葬的模拟品，后来发展为替代被役使的卫士、奴仆和乐舞伎的偶人，春秋战国时逐渐增多，俑的产生和发展与社会的变革有直接的关系。在奴隶社会时期，残酷的奴隶主死后都要用生前所役使的奴隶来殉葬，他们妄想在所谓的阴间继续过着奴役人民的生活，后来由于生产的发展，奴隶主为了保全劳动力，慢慢改用泥塑、木雕或者铜铸的俑人来代替活人殉葬。俑从战国时期被作为代替奴隶殉葬的随葬品以来，到了秦、汉时期，由于制陶业的发达，出现了更多的经过烧制的陶俑，也有少量的木、铜、铅、锡制作的俑像，秦始皇陵的大型兵马陶俑就是典型的代表作，俑像雕塑在中国古代雕塑史上占有非常重要的地位。自秦汉时期开始，陵墓雕塑进入了一个高峰期，雕塑作品品种繁多、内容丰富、规模巨大、特色鲜明。

（一）秦始皇陵从葬雕塑

秦始皇，姓嬴名政，22岁正式主持朝政，建立了中国历史上第一个统一的封建中央集权制国家，实现了我国历史上第一次民族大融合。秦始皇是中国封建社会初期杰出的政治家和军事家，他结束了战国时代的分裂局面，统一了六国，对国家发展作出了贡献。

秦始皇陵

秦汉陵墓雕塑

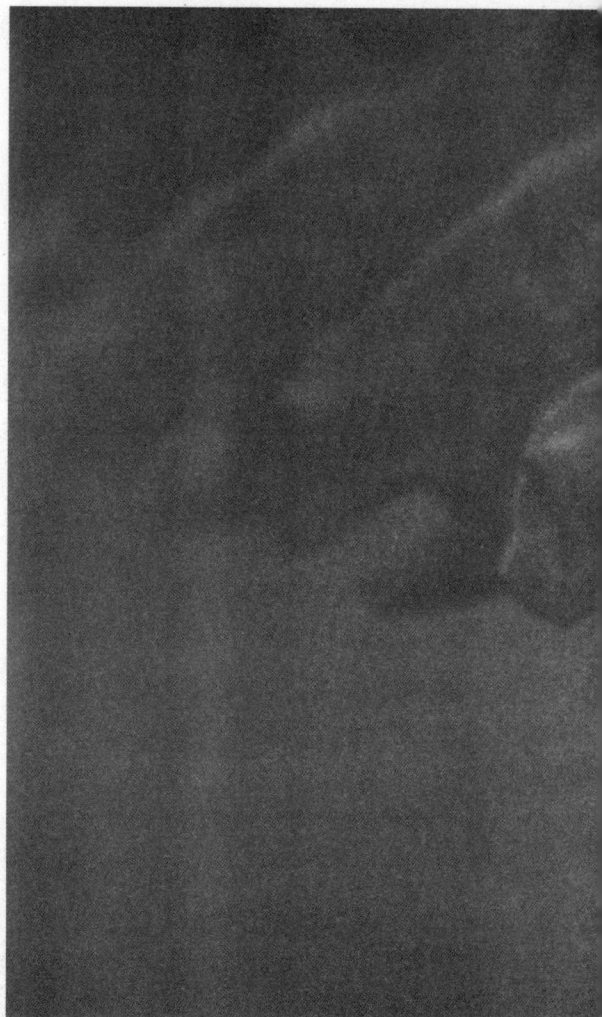

秦始皇陵兵马俑

秦始皇陵，在今天陕西临潼县城东的骊山北麓，是保存至今的中国最大的帝王陵墓之一。虽然在整个雕塑史中，秦代只占据着短短的十五年，但仅兵马俑的出现，就足以改变中国雕塑史。1974 年 3 月，农民在打井时偶然发现了一号兵马俑坑，1976

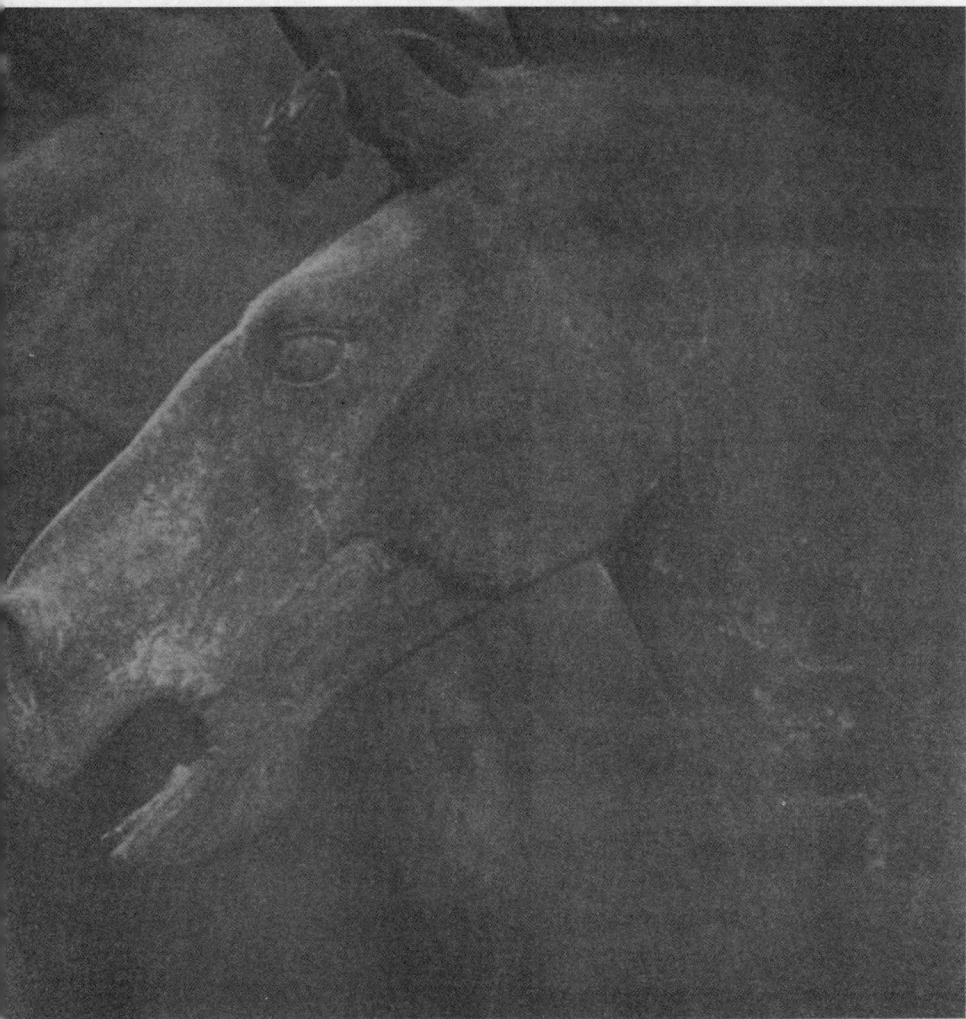

秦始皇陵战马雕塑生动形象

年4月至5月又相继发现了二、三号坑。一号坑面积约一万四千平方米，内有兵马俑约六千余件，战车四十余乘，是一个以步兵为主的长方形军阵；二号坑面积约六千平方米，内有战车八十九乘，架车陶马三百五十六匹，骑兵鞍马一百一十六匹，各类武士俑约一千

件，是一个车骑步兵混合编组的军阵；三号坑面积为五百二十平方米，内有卫士俑六十八件，驷马漆彩绘战车一乘，感觉上像是指挥一、二号军阵的指挥部。

秦始皇陵兵马俑之跪射俑

秦代兵马俑作为一种特殊的文化遗产，有着不可估量的价值。它显示出我国在两千多年以前就有了很高的雕塑艺术水平，它是古代劳动人民智慧的结晶。

秦始皇兵马俑坑所展现的军队阵容是完全按照当时秦军的实际情况设计的，形象地再现了秦始皇扫六合的雄壮景象。所以其中的秦俑、陶马、战车也是按实物大小制成，陶俑一般身高 1.8 米左右，最高者可达 2 米，均为彪形大汉。陶俑数量众多，神态各异，有的立着，有的跪着，这其中也有军官、士兵之分。秦俑采用了写实的刻画方式，带有明显的肖像性和写生性的特征。这些秦始皇百万大军的缩影都是先按不同的部位分别用陶模翻出胎型，然后进行粘合，再细细雕塑外部，涂上鲜艳的颜色。秦俑以头部的刻画最为精致，有的眉宇凝聚，端庄肃穆；有的面庞清秀，微微含笑；有的带有皱纹，一脸老成。通过对面部

表情严肃的兵马俑士兵雕塑

的精心刻画将秦军中各种人物表现得万分生动。秦俑的传神特征不是追求细枝末节，而是抓住了关键的部位进行艺术处理。比如说，将眉毛加粗加厚使脸部更有体积感，胡子处理成飞动或翻卷状，虽然与现实不符，却更突出了人物的性格。俑的造型因出身、地位、经历的不同而显出不同的特征和表情，它们不仅装束服饰不同，而且神态各异，具有强烈的艺术感染力，堪称中国古代艺术的典范。据说万千兵马俑没有雷同的，可用"千人千面、栩栩如生"来形容。秦俑的单件作品都有很强的动作个性，有的手持利剑，有的伫立凝视，有的坚定刚毅。陶马一般身长 2 米，通高 1.7 米，与真马大小相当，除了马头的塑造较为细腻多变以外，四肢与胸部都用大写意的夸张手法，棱角分明，肌腱隆凸，臀部浑圆，腰部微凹，显得强健有力，没有过多复杂的线条，流畅并富有韵律感，如真马一般，灵活多样的艺术技巧也是秦始皇兵马俑的艺术特点之一。兵马俑堪称一座丰富的古代地下军事博物馆，它是大秦帝国的历史缩影。这一切不仅反映了秦代物质文明发达的程度，还再现了当时的社会

惟妙惟肖的茂陵雕塑

意识、观念和风俗习惯，这些丰富而精美的
文物无疑会再现大秦帝国的辉煌。

（二）汉代陵墓大型石雕及陪葬雕塑

中国古代自秦汉以来，由于统治阶级盛
行厚葬，不但墓中随葬品很多，而且在王陵
和贵族墓前，都有设置雕塑的习俗，以显示
他们的尊严和权势。由于统治阶级有条件掌
握甚至垄断当时最好的工匠和材料，所以，
陵墓雕刻的艺术水平一般都比较高，且具有
鲜明的时代特征。

汉代是中国封建社会中极具魄力的一个
时期，一直在盛衰变化中持续了四百余年。

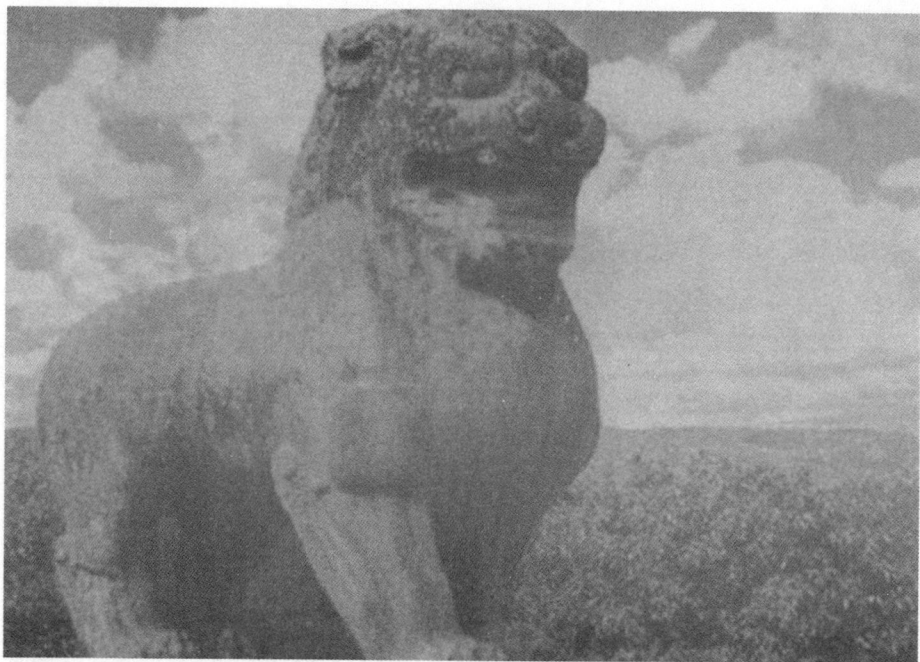
西汉帝王陵墓石雕

现存的汉代雕塑真实地反映了汉代的风气，汉代的陵墓雕塑可分为西汉和东汉两个时期。

1. 西汉陵墓石雕

西汉继承了秦代的陵寝制度并且有所发展。陵园里只有一个重城，陵墓在陵园的中央，坐西朝东。陪葬墓区也在陵墓前方。西汉初期，皇帝、皇后在一座陵园内异穴合葬；从文帝开始，皇帝、皇后各建一座陵园；到景帝的时候，在文帝霸陵旁也建造庙宇，以后这种陵旁边立庙的制度一直延续到西汉末。西汉开始，帝王陵墓除了掘地起坟之外，还出现了一种"凿山为陵"

的形制。这种形制在当时的一些诸侯王墓中也普遍存在。到了西汉的中晚期，墓室结构发生了重大变化。"凿山为陵"的墓室大多数是横穴式，并且分为耳室、前室和后室等很多部分，而竖穴式的则改用砖和石料构建墓室，形制和结构完全模仿了现实生活中的房屋、宫殿和院落，这种墓室起到了椁的作用，椁是套在棺材外面的大棺材，所以墓室里的葬具只有棺而没有椁。在这些墓室里，墙壁上大都绘有彩色的壁画，或者有模印的画像砖，而在石结构的墓室里则大都是雕刻画像。壁画的题材很广泛，除了神灵怪兽、

西汉瓦当纹饰

秦汉陵墓雕塑

历史故事之外，主要是表现帝王生前的各种生活场面。

西汉时期从汉高祖开始，出于政治目的，各陵都安置了很多陪葬墓，被称为"陪陵"，形成规模宏大的陪葬墓地。陪葬者大都是当时的朝廷重臣和皇亲国戚。据记载，陪葬长陵的有萧何、曹参、张良等一些开国元勋；陪葬茂陵的有卫青、霍去病等名将。

霍去病，河东平阳人，官至大司马骠骑将军，封冠军侯。18岁领兵作战，曾先后六次出兵塞外，获得大捷，打通了河西走廊。元狩六年病逝，汉武帝为纪念他的

霍去病征战雕塑

中国古代陵墓雕塑

战功，在茂陵东北为其修建大型墓冢，状如
祁连山。封土上堆放着巨石，墓前置石人、
石兽等。1961 年被中华人民共和国国务院公
布为全国重点文物保护单位。

　　西汉霍去病墓，是汉武帝为了表彰这位
早夭的青年将领的战功而特地命人兴建的，
具有一定的象征性，至今还存有一批杰出的

秦汉陵墓雕塑

013

霍去病墓石雕群

石雕艺术作品。霍去病墓石雕群中完整的石雕作品有十二三件，其体积之大，风格之独特，在中外雕塑史上都是罕见的。

西汉茂陵霍去病墓的大型石刻，是一批具有无穷艺术魅力的古代石雕艺术珍品，是两千多年前的汉文化遗产，是举世无双的古代雕刻艺术杰作。这批作品构思超凡，题材多样，富于大自然的山野情调，意象博大深沉，特别在表现各种动物的造型上，惟妙惟肖，生动传神，皆蕴含着勃勃生机，有着强烈的艺术感染力。霍去病墓冢底部南北长 105 米，东西宽 73 米；顶部南北长

霍去病墓

15 米，东西宽 8 米；冢高约 25 米。墓前石刻均"就地取材"，采用秦岭山区硬度很强的花岗岩石雕成。石雕删繁就简，成功地利用石块凝重、厚实有力的质感，赋予顽石以极强的生命活力，触发人们突破时空的限制，联想到霍去病当年浴血疆场的气概和他显赫的战功，引发了人们对英雄的怀念。有可辨识的石像生十四件，墓前石刻现存十六件，计有怪人、怪兽吃羊、卧牛、人抱兽、卧猪、跃马、马踏匈奴、卧马、卧虎、卧象、短口鱼、长口鱼、獭、蛙、左司空刻石和平原刻石。石刻依石拟形，稍加雕凿，手法简练，个性突出，风格浑厚，是中国现存时代最早、保

霍去病墓跃马石雕

存最完整的一批大型石雕艺术珍品。其中"马踏匈奴"为墓前石刻的主像，长1.9米，高1.68米，为灰白细砂石雕凿而成，石马昂首站立，马头采用圆雕手法，五官均用浮雕手法表现，或许是工匠师在着意塑造北方少数民族牧马的形象，马头顶光秃，没有鬃毛，马耳仅以线刻表现，而这种简洁的雕刻也正反映了中国早期石雕以粗犷简约和以象形为主要特征的艺术风格。马尾拖地，紧挨着马身下，雕出一名匈奴人，他仰面朝上，正在挣扎、求救，绝望的神态正好反衬出马的英雄气概。这组石刻是将一块整石运用线雕、圆雕和浮雕的手法雕刻而成，材料的选择和雕刻的手法与形体配合，注重形态，形神兼备，使画面更加具有真实感。整个作品风格庄重雄劲，深沉浑厚，寓意深刻，耐人寻味，既是古代战场的缩影，也是霍去病赫赫战功的象征，是我国陵墓雕刻作品的典范之作。

"卧马"是利用自然石块稍加修饰的办法来处理的，在形象和动态上不受局限。这里塑造的是一匹静卧憩息的马，作者以敏锐的观察力和精湛的技巧，紧紧抓住马的好动习性，它不能长时间地卧在地上，

咸阳茂陵石马雕塑

所以卧马虽暂作卧状，却显出即将起身的神态，展现了由静到动的过程，所以马头部微仰，一只前腿向前伸出，蹄用力着地，另一只前腿微曲抬起，都反映出这匹马将起未起的动作过程。尽管这件卧马的形象拙朴，但却蕴有一般的马所具有的活力，这种特点与现存汉马形象的实物，包括汉画像石刻上所见的形象迥然不同。同时，这批巨型的动物石雕，原来就是散置在坟山上的，不论石虎、石牛、石羊，姿势或站立，或卧伏，个个神态不同，只有这样才能体现作者的原意，造就出祁连山上牛马成群，一派北国风光，真是意味深长，富有情趣。墓前列置石人、石马、石象、石虎等石刻，对以后中国历代陵墓石刻有深远影响，一直为汉以后历代陵墓石刻艺术所传承。

汉代霍去病墓中的石雕"伏虎"，稳定的整体造型和强烈的动感结合得很好。那深沉雄大的气魄，是正处在上升时期的封建统治阶级昂奋的精神面貌在艺术上的反映。

霍去病墓石雕"跃马"，高 150 厘米，长 240 厘米，约创作于公元前 117 年，在汉朝与匈奴的战斗中，战马起到了极其重要的作用，能征惯战的霍去病生前与战马结下了不解之缘，所以雕塑家以象征性手法，把战马塑造为正义、善良、勇敢的化身。透过它，我们仿佛可以看到骠骑将军霍去病那种威武的形象和不可战胜的气势。这件作品在整体上借用了石头的天然形态，只是略加雕刻，有浑然天成的意味。那行将伸展的前腿，那

霍去病墓石雕伏虎

秦汉陵墓雕塑

霍去病墓石雕跃马

已经点地的蹄尖，那高昂的马头和警觉的双目，仿佛都预示着这匹千里马即将腾空而起，去参加战斗。作者在雕塑中不拘泥于细致的刻画和繁琐的装饰，而着意于瞬间动势的捕捉和对对象内在精神的把握，造型简练、完整、厚重。作品中细部处理精雕细刻，尤其是面部和眼神的刻画令人不禁赞叹于"点睛"妙笔的绝技。此外，"跃马"在造型上，也成功地继承了体、线、面并用的优良传统，并为后代雕刻提供了优秀的范例。

陕西兴平汉武帝茂陵附近出土的兽面纹青玉铺首，高34.2厘米，宽35.6厘米，厚14.7厘米。以一块完整的青玉雕刻而成，材料与常见不同，兽面不是对称的图案化纹饰，在四角和兽头眉梢雕刻出青龙、白虎、朱雀、玄武四神形象，动态极为流畅，以非对称布局将四神形象组成一完整的兽面纹，多重题材的套叠给欣赏者以回味无穷的想象。

西汉的工艺装饰性雕塑也十分发达，其一为铜镜装饰。这一时期除了与前代大体相同的云雷纹、蟠龙纹以外，比较流行使用吉祥语，如"长相思、毋相忘、常富贵、乐未央"等等；乳钉纹也是这一时期的特点，在乳钉纹之间有人物、鸟兽等等。其二，西汉的金银嵌镶工艺也比较发达。是在铜制器物上嵌镶金、银、松石等不同材质的装饰，再填以黑漆，曰"错金银"。

青玉蒲纹兽面纹璧

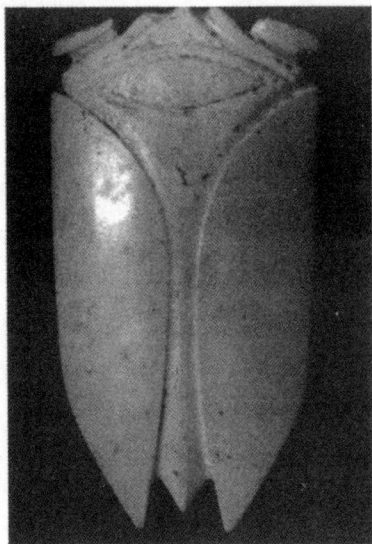
西汉玉蝉

最有代表性的一件作品为"错金银"博山炉，虽为熏香用的实用品，但其炉盖雕制成层次重叠的造型，这在汉代也十分盛行。

西汉的玉雕也是不可忽视的小型雕刻艺术之一。常见的有带钩、印牛、头饰、玉佩等等，以及随葬品玉蝉、玉猪等，这些小型玉雕小中见大、选材精良、造型完整。我们还可以从当时的建筑装饰构件上看到雕塑艺术的成就。史籍中所记载的建筑实物已荡然无存，"秦砖汉瓦"为我们提供了推想空间。西汉瓦当常以"延年益寿""长生无极"等吉祥语作为装饰内容，动物纹样多采用"四神"，"四神"就是传说中的青龙、白虎、朱雀、玄武。

在日常生活中，人们不再满足于仅仅实用，而是趋向于把生活用品制作得更艺术化。比如当时的铜油灯是常见的一种生活用品，从现在的出土文物看，各种地位的人们所使用的灯具也有很大差异。最为著名的是出土于河北满城的"长信宫灯"，通高48厘米，灯的形象为跪地执灯的年轻宫女，通体镏金。宫女头上梳髻，戴头巾，身穿长衣，衣袖宽大。面目端庄清秀，目光十分专注，头略向前倾斜，神情恭谨、

小心翼翼，表现出一个下层年轻宫女所特有
的神态。宫女左手持灯盘，右臂上举，袖口
下垂成灯罩。灯盘可以转动，灯盘上的两片
弧形屏板可以推动开合，以调节灯光的亮度
和照射方向。宫女身体中空，烟灰经右臂进
入体内，以保持室内清洁。灯的各部分还可
以拆卸，有利于清洁。此灯上面刻有"长信
尚浴"等铭文共六十五个字，所以被命名为
"长信宫灯"。长信宫灯将灯的实用功能、
净化空气的科学原理和优美的造型有机地结
合在一起，整个造型自然优美、舒展自如、
轻巧华丽，是一件既实用、又美观的灯具珍
品。据考证，此灯原为西汉阳信侯刘揭所有。
刘揭文帝时受封，景帝时被削爵，家产及此

长信宫灯

秦汉陵墓雕塑

灯被朝廷没收,归皇太后居所长信宫使用。后来皇太后窦氏又将此物赐于本族裔亲窦绾。此灯作为宫廷和王府的专用品、礼品,可见它在当时也是很珍贵的。长久以来,长信宫灯一直被认为是我国工艺美术品中的巅峰之作和民族工艺的重要代表而广受赞誉。这不仅在于其独一无二、稀有珍贵,更在于它精美绝伦的制作工艺和巧妙独特的艺术构思。长信宫灯一改以往青铜器皿的神秘厚重,整个造型及装饰风格都显得自然舒展、小巧精致,是一件集实用与美观于一身的灯具珍品,堪称"中华第一灯"。

汉代宫灯

中国古代陵墓雕塑

双人舞饰牌

考古学和冶金史的研究专家一致公认，此灯设计之精巧，制作工艺水平之高，在汉代宫灯中首屈一指。云南省晋宁出土的"双人舞饰牌"，以镂雕的形式表现了两位翩翩起舞的人物，脚下踩着一条扭曲转动的长蛇，整个形象饱满而浪漫，结构紧凑。

2. 东汉陵墓石雕

东汉时期，豪强争斗激烈，社会动荡不安，由于当时厚葬习俗成风，所以留至后代的墓室很多都保存完好。25年，刘秀建立了东汉政权，采用了以血缘关系为基础的宗法制度，为适应政治上的需要，把豪族注重祭祀祖先祠堂的办法加以扩大，运用到陵寝制

神道望柱

度中。西汉时期寝殿一般建筑在陵园之中，庙建于陵园之外，大规模的祭祀典礼多在庙中进行，东汉把这一礼仪移置陵园中。为了适应陵园中举行祭祀的需要，陵园建筑也增添了新内容，开始在陵前建筑祭殿，还在陵旁建筑悬挂大钟，以便祭祀时鸣钟。东汉开创了在神道两侧建置石雕的先例，进一步显示了皇帝至高无上的权威。东汉时期在四川成都附近出土的一件说书俑，表情极为生动，刻画出说书艺人的情感瞬间和他的典型特征，并配合以夸张的肢体动作，加强了人物的神态动势。1969年甘肃武威出土的"马踏飞燕"使全世界为之

轰动，骏马在中国古代是作战、运输和通讯
中最为迅速有效的工具，强大的骑兵也曾经
是汉朝反击匈奴入侵，保持北部地区安定必
不可少的军事力量，所以汉代人对马的喜爱
超过了以往的任何时期，并把骏马看做是民
族尊严、国力强盛和英雄业绩的象征。奔马
身高 34.5 厘米，身长 45 厘米，宽 13 厘米。
形象矫健俊美，别具风姿。马昂首嘶鸣，躯
干壮实而四肢修长，腿蹄轻捷，三足腾空、
飞驰向前，一足踏飞燕着地。小龙雀吃惊地
回过头来观望，表现了骏马凌空飞腾、奔跑
疾速的雄姿。其大胆的构思，浪漫的手法，
给人以惊心动魄之感，令人叫绝。艺术家巧

马踏飞燕

秦汉陵墓雕塑

"马踏飞燕"是汉代雕塑家智慧和技巧的结晶

妙地将一只凌云飞驰、骁勇矫健的天马表现得淋漓尽致，体现出汉代奋发向上、豪迈进取的精神。该作品不仅构思巧妙，而且工艺十分精湛；不仅重在传神，而且造型写实。按古代相马经中所述的良马的标准尺度来衡量铜奔马，几乎无一处不合尺度，故有人认为它不仅是杰出的艺术品，而且是相马的法式。"马踏飞燕"是汉代艺术家高度智慧、丰富想象、浪漫主义精神和高超艺术技巧的结晶，是我国古代雕塑艺术的稀世之宝。

二 魏晋南北朝陵墓雕塑

魏晋南北朝陵墓雕刻

中国在历经秦、汉的一统局面以后，又重新回到了分立割据的状态。所谓三国就是曹氏父子建都洛阳的魏国、由孙权统治的吴国以及由汉室后代刘备统治的蜀国。三国两晋时期，战乱不断，陵墓雕塑走向萧条。

三国两晋南北朝雕塑主要有陵墓雕刻、俑、宗教造像，还有些供玩赏的小型雕塑品。由于处于长期分裂动荡的阶段，各民族不断接触、斗争、融合，又大量从异国的艺术，特别是宗教艺术中汲取了养分，因此雕塑呈现出丰富多彩的新面貌，为其后隋唐雕塑的蓬勃发展奠定了基础。这一时期的立

北魏陵墓镇墓兽

体圆雕作品中，以俑的数量最多，绝大部分是涂彩的陶塑，也有少量的釉陶俑、青瓷俑以及石雕作品，从西晋时开始，出现了以镇墓兽、甲胄武士、鞍马、牛车和男仆女婢组合成的俑群。以后南朝的俑群大致沿袭西晋旧制，数量较少。北方有所不同，从十六国时期起，就在继承西晋旧制的基础上，有了较大的发展，俑群内容增多、数量增大。南朝陵墓石刻形体硕大，气势恢弘，雕琢精致洗练，造型夸张，变形适度，自然而生动，展现了丰富的想象力，摆脱了婉约、细腻、秀美风格的约束，代表了六朝石刻艺术的最高成就。

（一）南朝陵墓大型石雕

帝王陵墓地表上的石刻群雕以南朝保存较好，分布在南京郊区和句容、丹阳县境内，现存三十一处，有宋、齐、梁、陈诸代的作品。南朝陵墓神道石刻一方面继

南朝石雕男仆

南朝陵墓石刻麒麟

承了汉代石刻艺术的传统，以力量、运动、速度体现出一种宏伟庞大的气势之美；另一方面，改进了汉代古朴、幼稚、粗糙简单和拙笨的做法，在造型设计、雕刻技法等方面，达到了一种新境界，实现了继汉开唐的历史性转变，并对后来唐宋时代的石刻艺术产生了深远的影响。对保存较完整的梁文帝萧顺之建陵及梁安成康王萧秀墓前石刻加以观察，南朝陵墓石刻群雕一般由成对的石兽、神道石柱和石碑组成。这些石兽有的被誉为"麒麟"，有的被称为"辟邪"。南朝帝王灵前的石兽多为"麒麟"，贵族官僚灵前的

魏晋南北朝陵墓雕塑

南朝陵墓石刻麒麟

石兽多为"辟邪"。"麒麟"在古代被视为奇物珍宝,在人们所想象的动物世界里,麒麟与龙的地位不相上下,因此,人们也常把麒麟比作帝王的象征。石兽有翼,一般呈蹲伏状,劲健有力,造型雄伟,是以整石雕成的立体圆雕,体长和高度多在三米以上。若与汉代陵墓前石刻，如霍去病墓石刻相比，可以明显地看出雕造技艺的进步和完全不同的时代风格。南朝贵族萧景墓前的"辟邪"不是人间实有的动物，而是传说中的瑞兽，由于这类石兽是镇守和护卫陵墓的"卫士"，加上它们又处在旷野之中，所以在雕刻方面，南朝的陵墓石兽沿袭了汉代陵墓石兽雕刻的方式，但又在其中有了进一步的发展，不仅石兽的体积增大，雕刻技法也更具有艺术性，尤其颈部、胸部、腰部的自然弯曲和粗细比例关系更使石兽产生强烈的动态感，富有生命的活力，最能代表当时的艺术风格。石兽全部由整石雕成，多为三

瑞兽石雕

魏晋南北朝陵墓雕塑

米左右，有的站立，有的行走，有的蹲伏，丹阳建山齐武帝的安陵、丹阳胡巧仙塘齐景帝的修安陵翼兽特征皆为昂首、挺胸、垂腰、翘臀状，身体起伏较大，轮廓曲线分明。翼兽体重巨大，造型丰厚饱满，身姿矫健灵活，充满活力与气势，给人以强大的视觉冲击力，堪称是南朝陵墓大型石雕中的代表。

南朝陵墓神道石柱的结构分为柱头、柱身和柱座三部分。柱头圆盖饰覆瓣莲花

南朝石雕翼兽

中国古代陵墓雕塑

纹，圆盖之上伫立着一只昂首挺胸的小辟
邪；柱身饰隐陷直刳棱纹二十至二十八道，
柱身上部有长方形柱额，柱额上刻有神道
文；柱额侧面饰有云气、火焰、莲花、双
龙等各种纹饰，柱额下饰有一圈交龙纹、
绳辫纹；柱座上圆下方，上为双螭，下为
方形基座。柱头、柱身、柱座三部分组合
在一起，形成一个有机而又和谐的统一体。
整个石柱的造型典雅秀美，给人以亭亭玉
立的感觉。

南朝神道石碑

现存南朝神道石碑均为梁代遗物，其
结构分为碑首、碑身、碑座三部分。碑首
作圆形，碑脊两边各饰相互交缠的双龙，
碑首中间有一碑额，上刻文字，碑额下方
有一穿孔；碑身正面镌有长篇碑文，背面
刻有立碑者姓氏，文字四周饰有卷草纹之
类的图案，有的碑身侧面刻有神兽、朱雀、
白虎之类的图案；碑座为一龟趺，凸目仰首，
举重若轻，作引颈负重匍匐爬行状。碑首、
碑身、碑座三者组合在一起，给人高耸挺拔、
庄严肃穆之感。在雕刻技法上，南朝陵墓
神道石刻与汉代相比，雕刻由简而繁，纹
饰由朴素而繁复，圆雕、浮雕、线刻等技
法在南朝陵墓神道石刻中得到充分的运用，

庄重威严的神道石兽

从而使这一时期的雕塑艺术既不失汉代的雄俊生动，又具有这一时期庄严秀美的特征，达到了良好的艺术效果。

南朝陵墓神道石兽一般都是用长、高3米以上，宽1.5米左右的整块巨石雕刻而成，雕刻技法多用圆雕。通常圆雕所表现的是个别的、立体的、没有背景的形体，也就是说，圆雕必须解决好形体结构的多面观。南朝时期的能工巧匠们在雕刻陵墓神道石兽时已经熟练地掌握并运用了这一技法，并辅之以浮雕、线刻技法，使石兽的整体和局部造型在空间上达到了完美和谐的统一。而石兽本身动态的姿势，繁简

修安陵神道麒麟

相宜的装饰，犹如锦上添花，共同构成了一种充满生机活力的形体美。神道石柱和石碑也是用的圆雕、浮雕、线刻三种技法，造型简朴庄重，给人以庄严秀美之感，南朝陵墓神道石刻与汉代相比，在雕刻技法上可以说是取得了一次历史性的飞跃，达到了比较成熟的境界。

齐景帝修安陵，位于今天的江苏省丹阳县城东北，修安陵依山为穴，陵前建有神道，神道两侧列置石兽一对，东为天禄，西为麒麟。寓意皇帝受命于天，象征着至高无上的权威。修安陵前的石兽与西汉霍去病墓前的石雕一样，是由整块巨石雕琢而成，但其风

石兽似在旷野面对苍穹嘶吼，充满艺
术魅力

格不同于西汉石雕的朴实与浑厚，而是注重形体美，刀法细腻，是名副其实的圆雕。从造型上看，尽管这些石兽是人们凭着想象力创造出来的，但它作为一种兽类的形象是真实的。石兽整体和局部造型和谐，动势富有节奏感，似在旷野面对苍穹嘶吼、奔腾，充满了艺术魅力，是南朝石雕艺术的珍品。此外，六朝墓中经常出土石雕的伏猪，多成对放置，生动写实，以后日渐抽象化，至南朝晚期有的仅把石材加工成长条状，再施加简练的几条刻线以代表猪形，反而显得别具情趣。

南朝陵墓的石雕，是中国雕刻艺术史上光辉的一页，其造型设计和雕刻手法在汉代雕刻艺术传统的基础上由粗简向精湛发展，超脱出了汉代石雕古朴粗略的技法，艺术构思和雕刻技巧都进入一个更加成熟的发展阶段。

（二）北朝陵墓大型石雕

三国两晋时期的陪葬雕塑目前出土不多，做工也很粗糙，进入南北朝之后，陪葬雕塑逐渐兴起，至此，陶俑大量出现。山西大同的司马金龙墓出土了陶俑近四百件，在

头戴小冠、身穿襦裙的乐俑

魏晋南北朝陵墓雕塑

北朝墓葬中，陶塑有了更新的组合，陶塑群一般都是由人首兽身的镇墓兽、身披铠甲的镇墓武士以及鼓吹乐舞、鞍马牛车等组成，并按照一定的顺序摆放在墓中的不同位置，从而形成一个完整的仪仗队。北魏时期，人物造型朴实，面相瘦削，眉目清秀，体态修长，洛阳出土一件胡人俑，造型罕见，到了北朝晚期，人物俑的面部造型趋于方正圆润，湾漳北齐大墓中出土的一件文吏陶俑，高142.5厘米，体积很大，人物面部造型极为精细，表情肃穆庄重，身躯和衣饰都处理得很得当，整体感很强。此外，陕西汉中崔家营西魏墓和江苏铜山内华村南朝墓出土的一批陶俑也很有特点，可以说是这一时期为数不多的精彩作品。其中一件女立俑，女子呈立姿，身着小袄大裤，造型略显夸张，面部笑容灿烂。东、西魏时，面相由瘦削又转趋圆润，直至北齐、北周，遂开唐代圆润丰颐之先河。人像的体态也是神韵日增，出现不少生动传神的作品。例如北齐库狄迴洛墓中出土的胡装舞蹈老人，面目传神，姿态生动，颇具艺术特色。陶塑动物中以骏马和骆驼的塑造最佳，骏马多是鞍辔鲜明，挺立欲嘶，劲健异常，这可能与鲜卑族对骏马的特殊喜

武士陶俑

魏晋南北朝陵墓雕塑

北朝神兽

爱有关。

除陶俑作品外，三国至南朝时期长江中下游地区墓葬中出现的一种青瓷堆塑罐也极具特色，其中的一个高46.3厘米，颈长30.4厘米。

在北方，帝王陵墓地表的石刻群雕没有能够完整地保存下来的实例，只有在洛阳邙山上砦发现有身高超过3米的石雕文吏残像，可能是北魏孝庄帝静陵前石雕群中的遗物。但是发现了帝王陵墓地下墓室中的精美浮雕作品，在山西省大同市方山清理了北魏文明皇太后冯氏永固陵的地下墓室，在石门拱券门楣两侧的龛柱上都有浮雕，题材是口衔宝珠的孔雀和手捧莲蕾的赤足童子，刀法圆熟，造型生动，是罕见的北魏浮雕艺术精品。

在南朝和北朝墓中也有发现一些小型圆雕的神兽像，神兽为兽首人体，肩附飞翼，四足有利爪，均蹲坐状，造型呈现出小中见大的气势。如南京甘家巷墓中出土的滑石像，全身肌肉凸张，巨乳硕腹，双手按膝，两肩上耸，头微下缩，如顶负重物，造型浑厚有力，整体轮廓呈立方体状，态势极为稳重，形体虽不大，看来似能力负千钧。

三　隋唐五代陵墓雕塑

（一）隋朝陵墓雕塑

581年，隋文帝杨坚夺取北周的政权，建立了隋朝。八年之后，隋灭掉了陈，结束了魏晋南北朝时期近四个世纪的分裂割据局面，重新统一了中国，为中国的封建文化奠定了基础，同时也为陵寝制度的复兴与发展提供了物质条件。

隋朝是一个短命的王朝，前后不到四十年，文帝和炀帝又都死于非命，所以在陵寝制度上，隋朝虽然恢复了秦汉封土为陵的规则，但是在营建规模上还远远比不上秦汉陵寝那样高大宏伟。

隋文帝的陵被称为泰陵，大约在今天的陕西省扶风县城附近。静观泰陵，你可

隋文帝泰陵彩塑

中国古代陵墓雕塑

048

隋文帝泰陵石碑

以发现，经过了一千多年的风风雨雨，它显得益发古老而沧桑。陵墓顶部是平坦的长方形，而陵冢的底部和四周已经被挖去了很多，想来是历代盗墓者所为。往泰陵东南走，在不远的陵角和陵东两块高地上，还有当年隋文帝庙的遗迹。就是在这些残砖碎瓦中，历史学家发现了带有浓厚佛教色彩的纹饰和形制。比较多的是莲花状的方砖。方砖中央是浮雕的莲花图案，边角饰以蔓草，四周刻着连珠纹，非常美观大方。比较特别的是，这里还发现了一枚残破的、以菩萨形象为纹饰的瓦当。它的正面用弦纹和连珠纹组成一个心形，中心端坐着一尊双手合十、结跏趺坐

泰陵彩塑

的菩萨，据说这种直接以菩萨为纹饰的瓦当在国内是非常罕见的。隋文帝的泰陵，在中国陵寝史上具有承前启后的作用，它为以后唐宋陵寝的发展奠定了基础，对于泰陵的研究具有重要意义。

在陕西省博物馆中，收藏有一些被鉴定为隋代的墓俑，包括鞍马等，其中有的侍女俑，姿容典雅身材纤秀，造型优美生动，比之南北朝的俑像，在人物的写实和姿态表情上，显然前进了一大步。其中的一件体态轻盈的女俑，高髻披巾，长裙曳地，显得优雅而娴静，神态自若，已经不像隋代以前呆立的姿势，而是款款动步，身躯

随着动态而有所变化，说明了隋代在俑像的塑造上，已摆脱以前呆板的定式，出现从现实中创造人物形象的塑作手法，这是很大的发展。隋代墓俑中的男侍从仪仗俑，一般多头戴风帽，身披外衣，双手拱立。女俑多长裙束腰，手捧奁具，表现出典雅秀丽的体态。

隋代墓俑

在隋代墓俑中出现一种极为少见的狮身人面镇墓兽，而且是与另一兽身狮面者配为一对。

（二）唐代陵墓大型石雕及陪葬雕塑

唐代是中国封建社会的鼎盛时期，前后经历了近三百年的历史。在这期间，共有二十一个皇帝，这二十一个皇陵中有大部分都建造在陕西省的关中盆地、黄土高原和北山岭的顶部。这种依山背原、两翼展开、面临平原、并且隔渭河与都城长安相望的布局，体现了唐王朝的博大气势。尤其是那些倚山而建的帝王陵墓，气势更是雄壮异常。在中国皇陵史上占有重要地位，可以称它为中国皇陵继秦汉以后的第二次发展。唐代皇陵最突出的特点是"因山为陵"，气势恢弘。唐代皇陵还有一个重要特点，陵区内有很多殿宇楼阁组成的地面建筑和富有时代感的陵墓石刻。

李世民是唐朝的明君，他顺应历史潮流，为结束隋末唐初军阀纷争的混乱局面，

唐太宗昭陵

中国古代陵墓雕塑

巩固国家统一作出了重要贡献。唐太宗在生前亲自选定九峻山作为自己的陵墓，以雄伟的山岳体现帝王的宏大气魄。整个陵区周长60公里，在主峰陵寝周围分布有167座功臣贵族的陪葬墓。当时的陵区内各种建筑布置

精巧，光彩夺目。时过境迁，留在地上或地下的大量珍贵遗物，仍在向人们诉说着昔日的风采。唐代主要的帝王陵墓有十八座，在这十八座唐代帝王陵墓中均保存有大型的纪念性石雕。

唐代主要的帝王陵墓有：高祖李渊的献陵，太宗李世民的昭陵，高宗李治的乾陵，中宗李显的定陵，睿宗李旦的桥陵，玄宗李隆基的泰陵，肃宗李亨的建陵，代宗李豫的元陵，德宗李适的崇陵，顺宗李诵的丰陵，宪宗李纯的景陵，穆宗李恒的光陵，敬宗李湛的庄陵，文宗李昂的章陵，武宗李炎的端陵，宣宗李忱的贞陵，懿宗李漼

乾陵神道西侧石刻翼马

中国古代陵墓雕塑

的简陵，僖宗李儇的靖陵。

较早的唐陵石雕，是唐高祖献陵前的石虎，同样的作品共有八件，分置陵园四门之外。另有石犀牛和华表各两列置于墓前，这在唐代帝王陵墓仪卫石雕中是很特殊的，因为一般用以守护陵墓的多是比虎还要凶猛的狮子，而且都是蹲坐的形式。只有这一处是以虎代狮，并且所表现的是走动觅食的姿势，形体巨大的犀牛也是走动姿势，它们的形象虽不如狮子显得凶猛，但其高大的体躯和严厉的神态，似乎能给人以很大的威慑作用。唐代帝王陵墓中幸存下来的最杰出的雕刻艺术品就是著名的"昭陵六骏"。

形象生动的石像体现出唐代雕刻艺术的高超

1. 昭陵六骏

昭陵是唐太宗李世民和文德皇后的合葬墓，位于陕西省礼泉县。石刻中的"六骏"是李世民经常乘骑的六匹战马，它们既象征唐太宗所经历的最主要的六大战役，同时也是表彰他在唐王朝创建过程中立下的赫赫战功。六匹骏马的名称分别是：白蹄乌、飒露紫、拳毛、青骓、什伐赤、特勒骠。石刻所表现的六匹骏马三匹作奔驰状，三匹为站立状。六骏均为三花马鬃、束尾，这是唐代战马的特征，其鞍、鞯、镫、缰绳等，都逼真地再现了唐代战马的装饰。据传说"昭陵六骏"石刻是依据当时绘画大师阎立本的手稿雕刻而成。"昭陵六骏"雕刻在高 2.5 米，宽 3 米的石板上，分两组东西排列。

六骏采用高浮雕手法，以简洁的线条，准确的造型，生动传神地表现出战马的体态、性格和战阵中身冒箭矢、驰骋疆场的情景。每幅画面都告诉人们一段惊心动魄的历史故事。

（1）白蹄乌

骏马"白蹄乌"是武德元年李世民与薛仁杲在浅水原作战时的坐骑，该马通身毛色纯黑，四蹄俱白，由此得名。

昭陵六骏之白蹄乌

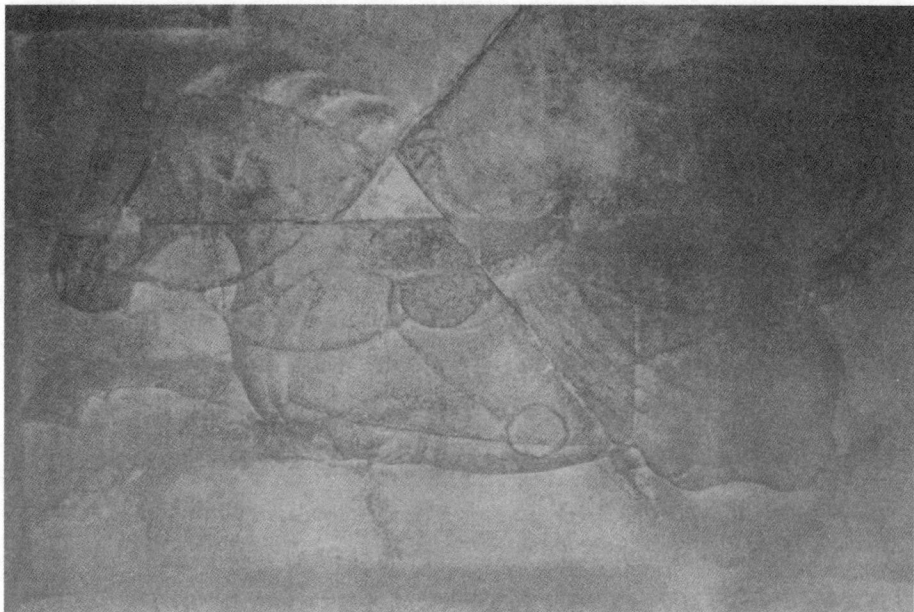

618 年，唐军初占关中，立足不稳。割据兰州、天水一带的薛举、薛仁杲父子便大举进攻，与唐军争夺关中。唐高祖李渊封李世民为西讨元帅，出兵抗击，两军在高墌一带相持了两个多月。十一月，薛军粮草不济，军心浮动，进退两难。李世民看准战机，连夜调兵遣将，趁机内外夹攻。先用少量兵力在浅水原诱敌，拖住薛军精锐部队，然后出其不意，亲率劲旅直捣敌后。他骑着"白蹄乌"，只带了数名精锐骑兵，率先杀入敌阵，薛军大乱，兵卒向折城溃逃，为彻底消灭敌人，李世民又催动"白蹄乌"，带领两千余名骑兵紧紧追赶，一

昭陵碑刻

中国古代陵墓雕塑

昼夜奔驰二百多里，把薛仁杲败军围定在折城内，扼守关口要道，迫使薛仁杲率残部开城投降。浅水原大战奠定了唐王朝立足关陇的政治经济基础。石刻"白蹄乌"筋骨强健，四蹄腾空，鬃鬣迎风，呈疾速奔驰之状，再现了它当年载着李世民在黄土高原上急驰，追击薛军的情景。唐太宗给它题的赞语是："倚天长剑，追风骏足，耸辔平陇，回鞍定蜀。"

唐太宗昭陵雕像

（2）特勒骠

骏马"特勒骠"是武德二年（619年）十一月至次年四月李世民消灭割据马邑的刘武周势力，收复河东失地时，与刘武周大将宋金刚等作战时的坐骑，此马毛色黄里透白，喙微黑色，故称"骠"。

武德二年三月，刘武周乘唐军与薛仁杲作战之机，勾结突厥向南侵扰，唐军数败。守御太原的齐王李元吉弃城逃回长安，于是，刘武周、宋金刚占据了唐的大片土地和军事要地太原。高祖李渊大惊，打算放弃黄河以东地区，收兵镇守关中。唯李世民坚决反对，他认为失掉了河东，关中就孤立了，只有消灭刘武周势力，收复河东失地，才能久据

隋唐五代陵墓雕塑

昭陵六骏之特勒骠

关中。李渊遂派李世民带兵阻击。十一月，李世民率众直趋龙门关，渡黄河，连挫刘武周军前锋。唐军在柏壁集结，与宋金刚对垒，李世民采用"坚营蓄锐，以挫其锋，粮尽计穷，自当遁走"的战略战术。武德三年（620年）二月，宋金刚军果然粮尽计穷，军心动摇，李世民率大军乘机穷追猛击，在与宋金刚、寻相、尉迟敬德等刘武周势力作战时，李世民骑着"特勒骠"，曾一昼夜间急追二百多里地，交战数十次，在雀鼠谷西原，一天连打八次硬仗。这次追歼，李世民曾一连两天水米未进，三天人没解甲，马没卸鞍。

石刻"特勒骠"体形健壮，腹小腿长，属突厥名马。这种马是典型的锡尔河流域的大宛马，即汉代著名的"汗血宝马"，也是隋唐时期中原人寻觅的神奇骏马之一。唐太宗以突厥"特勒"官号来命名自己的坐骑，不仅仅是为赞扬名品良种的骏马，更重要的是以突厥赞美英雄、勇士的风俗来纪念和炫耀自己的辉煌战绩。突厥多以王室子弟为"特勒"，"特勒骠"亦可能是突厥可汗的一个子弟进献的。它载着李世民驰骋汾晋，为收复大唐王业发祥地——太原和河东失地，立下了战功。因此，唐太宗李世民称赞它："应

昭陵文物：骑俑和步兵俑

隋唐五代陵墓雕塑

策腾空，承声半汉，入险摧敌，乘危济难。"

（3）飒露紫

"飒露紫"是李世民东征洛阳，铲平王世充势力时的坐骑，"飒露紫"是六骏之中唯一旁边伴有人像的。

621年，李世民与王世充在洛阳邙山的一次交战中，为了探清对方实力，他自己跨上"飒露紫"，只带了数十名骑兵，猛冲敌阵，杀开一条血路，一直冲到敌阵背后。因为来势太猛，王世充军被冲得晕头转向，一片慌乱，几乎无人敢挡其锋。李世民只顾猛冲，和随从将士失散，只有将军丘行恭一人紧随其后，突然，一条长堤横在面前，围追堵截的王世充骑兵又一箭射中战马"飒露紫"，在这危急关头，大将军丘行恭急转马头，向敌兵连射几箭，随即翻身下马，把自己的坐骑让与李世民，自己一手牵着受伤的"飒露紫"，一手持刀和李世民一起斩数人，突阵而出。回到营地，丘行恭为"飒露紫"拔出胸前的箭之后，"飒露紫"就倒下去了。

李世民为了表彰丘行恭拼死护驾的战功，特命将拔箭的情形刻于石屏上。石刻"飒露紫"正是捕捉了这一瞬间情景，中

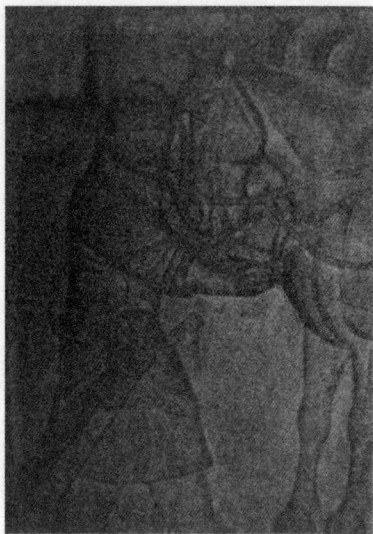

昭陵六骏之飒露紫

箭后的"飒露紫"垂首偎人，眼神低沉，臀部稍微后坐，四肢略显无力，剧烈的疼痛使其全身颤栗，旁伴的丘行恭低头向前，一手伸出作抚摸马的动作，不仅表现了战场上军人与马情同手足的密切关系，也将受伤、寻求抚慰的马的心情更加细致地表现了出来，这种救护之情，真乃人马难分，情感深挚。李世民为其题赞文曰："紫燕超跃，骨腾神骏，气詟三川，威凌八阵。"

（4）什伐赤

"什伐赤"，一匹来自波斯的红马，纯赤色，也是李世民在洛阳、虎牢关与王世充、窦建德作战时的坐骑。王世充祖上西域人，隋末唐初

昭陵六骏之什伐赤

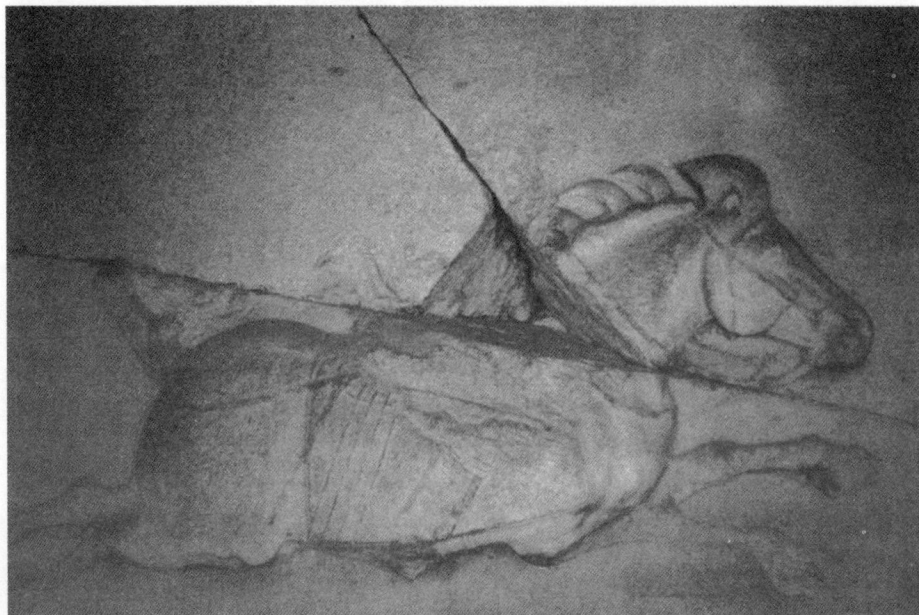

中国古代陵墓雕塑

自称郑王，据洛阳，与窦建德结好。当李世
民攻打王世充时，王世充向窦建德求救，但
都被李世民击败。石刻上的骏马凌空飞奔，
在激烈的战斗中，"什伐赤"身中五箭，而
且都在臀部，其中一箭从后面射来，可以看

昭陵内石雕

昭陵六骏之青骓

出是在冲锋陷阵中受伤的。唐太宗赞语："瀍涧未静，斧钺申威，朱汗骋足，青旌凯归。"在这一重大战役中，李世民出生入死，伤亡三匹战马，基本完成统一大业。

（5）青骓

"青骓"为一匹苍白杂色骏马，为李世民平定窦建德时的坐骑。据文献记载，骏马"青骓"是李世民和窦建德在洛阳武牢关交战时的坐骑。武牢关大战，李世民最先骑上"青骓"，率领一支精锐骑兵，似离弦之箭，直入窦建德军长达二十里的军阵，左驰右突，打垮了窦建德的十几万大军，并在牛口渚俘获了窦建德。一场大战下来，骏马"青骓"身上中了五箭，前面一箭，后面四箭，

乾陵神道东侧石雕

乾陵大型石雕直阁将军雕像

隋唐五代陵墓雕塑

都是从迎面射来的，足见它奔跑起来迅猛异常。石刻"青骓"呈疾驰之状，显示出飞奔陷阵的情景。

武牢关大捷，使唐朝初年的统一战争取得了决定性的胜利。因此，李世民称赞曰："足轻电影，神发天机，策兹飞练，定我戎衣。"前三句形容马的矫捷轻快，后一句道出这一战役的关键性意义。

拳毛

（6）拳毛

"拳毛"是一匹毛作旋转状的黑嘴黄马，是李世民武德四年十二月至次年三月平定河北，与刘黑闼在洺水作战时所乘的一匹战马，周身旋毛呈黄色，原名"洛仁"，是代州刺史许洛仁在武牢关前进献给李世民的坐骑，故曾以许洛仁的名字作马名。许洛仁死后陪葬昭陵，其墓碑上就记载着武牢关进马之事，后人或因马周身旋毛卷曲，又称"拳毛"。一般认为，马身若有旋毛是贱丑的，但此马矫健善走，蹄大快程，贵不嫌丑，故用"拳毛"作马名，以表彰唐太宗不计毛色，不嫌其丑，善识骏马的眼光。

"拳毛"是太宗李世民的死亡坐骑，在初唐平乱中与李世民立下了大功。唐初武牢关大战后，李渊父子处死了窦建德夫妇，加之唐朝一控制河北，就实行了高压统治。窦建德原部将范愿、高雅贤怀着复仇的目的，推荐刘黑闼为首领，在河北一带起兵反唐。他们攻城陷郡，势如破竹，打败了唐朝著名将领李，俘虏了勇猛过人的唐将薛万彻、薛万备，约半年时间，收复了窦建德原来在河北一带占据的大部分土地。 武德四年十二月，李世民又一次奉命出征。他采用"坚壁挫锐，断粮筑堰"的办法，逼迫刘黑闼率两万骑兵南渡洺水，与唐军殊死决战。这次战斗打得相当激烈，李世民的坐骑"拳毛"身中九箭、前中六箭，

昭陵六骏之拳毛

中国古代陵墓雕塑

背中三箭，战死在两军阵前。

　　石刻六骏中，李世民给它题的赞语是："月精按辔，天驷横行。孤矢载戢，氛埃廓清。"把它比作神马。唐代诗人杜甫在他的诗中也曾提到过"拳毛"，诗中曰："昔日太宗拳毛，近时郭家狮子花。"狮子花是范阳节度使李德山进献给代宗李豫的一匹骏马，这匹马体毛卷曲似鱼鳞，通体有九道花纹，所以又叫"九花虬"。唐代宗把这匹马赐给了汾阳王郭子仪。诗人把"拳毛"与"九花虬"并提，说明两者之间有许多相似之处，自这场战争后，唐王朝统一中国的大业便宣告完成了。

昭陵六骏之白蹄乌

隋唐五代陵墓雕塑

昭陵六骏

昭陵六骏，姿态神情各异，线条简洁有力，造型栩栩如生，像这样的艺术作品，不只是造型上的成功，雕刻技巧的精绝，更显示了我国古代雕刻艺术的成就，是极为珍贵的文物。

2. 乾陵石雕

唐陵石雕以唐高宗李治的葬地乾陵最具有代表性。乾陵是唐代帝王在陕西关中地区十八陵中保存得比较完整的一座，也是唐陵中具有代表性的皇陵。乾陵位于唐代陵山群最西的梁山，地属乾县，陵山形势仅次于太宗的葬地昭陵，更由于这里是李治与武则天的合葬地，因此陵前

乾陵神道东侧石雕翼马

石雕也更为人所瞩目。在陵山的前面，由内而外左右对称，列置有守护蹲狮一对，各高约 3.4 米，座高约 0.5 米；"客使"像 61 人，各高约 1.6 米；文武侍臣十对，各高约 4.5 米；仗马和牵马人各五对，石马高约 1.8 米，牵马人高约 1.4 米；朱雀鸟一对，各高约 1.8 米；带有飞翅的翼马一对，各高约 3.5 米；华表一对，各高约 8 米，在陵山的北面也就是玄武门，置守护蹲狮一对，仗马三对；陵山的东侧和西侧也就是青龙门和白虎门，各置有守护蹲狮一对。

以上这些巨大的石雕像，都是用坚硬的石

乾陵翼马

灰岩石雕成，所以虽经过一千多年的风雨摧蚀，仍然形体完好。从雕刻工程上说，这当然是一批值得珍视的雕刻艺术遗产，因为它们反映了唐代封建国家的强大和无名匠师们的伟大智慧和雕刻才能。

根据考古学家的勘察，乾陵墓道在陵墓的正南方，全部用石条填砌，层叠于墓道口到墓门。石条是交错砌压的，石条之间平面用铁栓板固定，又浇上铁汁，专家们初步鉴定，乾陵没有被盗贼偷窃发掘过。乾陵地面上依山的形势，对称排列着精美的石刻群。其中就有武则天为自己立的"无字碑"。有人说，这是她表示自己"功高德天"。陵区的两侧依次排列有多尊石兽雕刻，首先是翼马，高三米多，身长也有三米多，这尊翼马是乾陵石兽的代表，翼马也称天马，是传说中会飞的马，是吉祥的灵兽。翼马头部形象生动，马头上鬃毛呈波浪状披在颈上，浑圆的胸肌是强壮的象征，线条雕刻圆润饱满，双翼雕刻最为优美，以卷云纹浮雕图案附在马肩两侧，线条优美，风格迥异。除翼马之外，乾陵前另一件精美的雕刻要数鸵鸟，鸵鸟出现在唐朝，是国与国之间交往的产物，是唐

圆润饱满的乾陵神道石雕石马

乾陵部分石俑现已损坏

隋唐五代陵墓雕塑

乾陵神道西侧石刻鸵鸟

朝与非洲国家友好往来的见证，乾陵鸵鸟采用高浮雕的手法，鸟的整体附在一块厚石板上，颇有立体感，造型独特，生动自然，具有很强的写实性，体现出唐代雕刻技艺的高超。除了翼马与鸵鸟，乾陵石雕还有华表、马与马夫、侍卫、将军像等，这些石雕不论是在雕刻技法上还是排列布局上都表现出了唐代建筑师的独特思维，设计水平的高超和雕刻艺术的精湛，代表了唐代高度的文化与科学技术水平，都充分显示出中国古代劳动人民的聪明才智。

3. 顺陵石狮

在唐代曾被誉为天后的武则天，曾一度改唐为周，做了近二十年的女皇帝。在登上皇位后，加封她父母为太上皇帝、皇后，并特别突出地封其母杨氏的坟墓为顺陵，更集中高明匠工，选用最精良石材，雕刻出比一般唐陵前同类石雕都要高大的石狮、石兽，列置陵前作为仪卫，用以炫耀其统治权威。这种超越唐帝陵体制的石雕像，成为唐代陵墓雕刻中的巨制佳作。

顺陵石狮

顺陵在咸阳市东北的陈家村南，陵前现存石人、石羊、石走狮、石莲花座、华表顶、石础、天禄等石刻三十余件。在顺陵陵垣的四门，雕置有高达三米多的蹲狮四对，形象雄猛，望之可畏。像这样庞大的雕刻物，不仅雕刻工程艰巨，对于石料的采运，在当时的条件下也是很困难的。在蹲狮的神态上，为了达到能威慑鬼神的目的，雕刻者以夸张

顺陵石狮

的手法，强化了狮子的各个部分，显得筋肉突出，爪牙锐利。这样一个庞然大物，显然是表达了封建统治者的意图，使人民不敢接近，以达到其守护的职责。它不仅反映了唐朝强大的国力，并且也充分地显示出雕刻匠师的才能和魄力。

在顺陵陵垣的南门外，雕置有正在翘首走动着的狮子和昂然站立的瑞兽各一对，其体积比上述蹲狮更为高大，走狮身高 3.55 米，体型庞大，造型雄伟，肌肉饱满，作阔步缓行的动态，整个雕刻气势磅礴，极富质感，充满无限的生命力和震慑的气势。走狮的头部雕刻十分生动，眼睛突出，张口露齿，但却没有凶神恶煞的神态，让人

感到的是温顺和肃穆，走狮的头部鬃毛雕刻细腻，螺旋状花纹十分精彩。天禄，又名独角兽，头似鹿，身如牛，有双翅，双翅上雕有美丽的卷云花纹，足为马蹄，尾垂与石座相连。顺陵前除了各种吉祥瑞兽造型外，还设置了石人、石羊、石马等各类塑像，这些塑像也显示出了唐代雕塑的风格特征。

4. 其他帝王陵墓石雕

比乾陵和顺陵石雕年代稍晚的，是武后的长子李弘的恭陵，李弘的弟弟李显的定陵，李旦的桥陵。这三处的石雕虽同为初唐时代作品，但由于年代仍有先后，加以雕刻匠师艺术手法的不同，因此各有优

桥陵神道两边的神兽石雕群

中国古代陵墓雕塑

点。桥陵石雕群的行列与高宗乾陵是相同的，而且保存得也较为完整。在桥陵南门外的石雕行列中也有一对浮雕形式的"瑞禽"，这是一对形象更为写实的鸵鸟。它与乾陵同类制作相比，在羽毛体态、特别是生动的形象动态上，都更为写实。这说明唐代宫廷园囿中很可能饲养过从外国贡来的鸵鸟以供观赏，同时也说明了盛唐时代的雕刻风格是以写实为主。桥陵前的一对蹲狮和"瑞兽"雕刻，在唐陵石雕中也都是很突出的，蹲狮显得生机勃勃，特别注重于形体真实的细致刻画，从写实主义雕刻的手法说，它可称得上唐陵石雕中有代表性的作品之一。瑞兽则形象奇异，既不同于乾陵翼马，也不类于顺陵天禄，而是属于所谓"四不像"或麒麟一类的动物。肩部也生有双翼，美化不亚于乾陵翼马，并且在瑞兽四腿间，雕满云朵纹饰，既填实了四腿的空间，使之坚固，更助长了瑞兽的神化性。在晚于桥陵的其他唐陵瑞兽雕刻中，承袭这种手法是很多见的，但在早于桥陵的制作中，却不曾见过。这也证明盛唐雕刻趋向华丽，并进一步运用现实表现手法的特点。

桥陵蹲师

建陵东侧文臣雕像

泰陵位于陕西省蒲城县东北的金栗山上，因山为陵。李隆基是睿宗的第三个儿子，因为在"韦后之乱"中拥睿宗复位有功，被封为太子，后来又逼迫睿宗禅位，登上了皇帝的宝座。泰陵包括整座金栗山。陵园建筑大体与乾陵相同，只是规模不如乾陵宏大。陵园神道两侧由南向北排列有石翁仲十对、石马五对、鸵鸟一对、华表一对。陵园玄武门外又有石马五对，以及蕃使像八尊。泰陵石雕体态略小，雕凿粗陋，反映了唐王朝自"安史之乱"以后，政治、经济衰败的情况。

唐肃宗建陵，在陕西省礼泉县的西北。由于一千多年的水土流失，陵区内横贯南北两条大沟，整个陵区的遗迹破坏较大。现在陵园内残存有五对石马，脖下正中雕着独铃，这在唐陵的石刻中是罕见的。还有门狮八只，华表一通，石鸵鸟一只，石人十对，石人东文西武，文官持圭，武官操剑。从建陵的石刻风格来看，体态普遍比昭陵、乾陵卑小，制造也比较粗疏，与陵墓的比例颇不相称，反映了唐王朝自"安史之乱"以后，政治、经济由强盛走向衰败的状况。

唐德宗崇陵，在今天的陕西省泾阳县

西北的嵯峨山，也是因山为陵。陵区四门原有石狮各一对，朱雀门外立有石人十对、石马五对、鸵鸟一对、华表一对，玄武门外有石马三对。此外，朱雀门外还有石像八尊。石刻虽然已经残破，然而大部分仍然保存着。

唐顺宗丰陵，位于陕西省富平县东北的金瓮山。丰陵亦因山为陵，陵区原有石刻，四门各有石狮各一对，朱雀门外有石人十对、石马五对、鸵鸟一对、翼马一对、华表一对，玄武门外有石马三对。现仅存石狮和华表各一座，都已经残破。

唐代的女俑约可分为三种不同的类型。一类形体肥胖臃肿的所谓"胖俑"，多是

崇陵石马

西安附近的唐墓出土，奇怪的是这类女俑多烧为红素陶，不涂任何釉彩，好像在一般的陶质俑中具有独特的体系。就造型来说，这种胖俑，可以说是名副其实的标准式"唐俑"。从发式梳妆到宽敞的长袍，都是别具一格，表现为典型的盛唐"美人"样式，因为它如实地保存了盛唐时代贵族妇女的风范。有人考证，这种红素陶俑，多数出土于盛唐以后的中晚唐墓葬中，但其丰腴的胖型，显然是由盛唐时期孕育而成的。另一类身躯虽然一般，颜面却显得丰腴，还有一种是较为瘦削秀丽的普通形

唐顺宗丰陵朱雀门华表残件

中国古代陵墓雕塑

唐代女俑

象。这些不同的造型主要是因初、盛唐的不同风尚所形成，但也很可能是由于她们的身份所决定的。因为凡是丰腴的胖俑，多是中年妇女，神态动作，很像是饱食终日、无所事事的贵妇人。这说明随葬的俑像，并不都是作为死者的仆从，很可能把死者本人或其妻妾亲属等也塑出随葬。唐永泰公主墓壁画和石椁线刻人物中的贵族妇女，即多半是女主人及死者眷属的生活写照。

（三）五代帝陵雕塑

五代是中国历史上一段分裂割据的时期，也是中国古代陵墓雕塑的转折期，中原地区的王朝不断更替，前后有梁、唐、晋、

颜面丰腴的乐俑雕塑

汉、周五代。这一时期由于军阀混战，连年不息，政权更迭频繁。五代前后五十多年共有十三个皇帝。五代陵墓雕塑以前蜀皇帝王建永陵和南唐烈主李昪钦陵出土的作品为代表。

1. 永陵石雕

高祖王建的永陵，规模宏大，气势不凡。在五代十国的帝王陵墓中是罕见的。墓前不仅有高达 3 米，造型质朴，拱手扶剑的石雕侍臣像，墓室以内也极为华丽。除大量的装饰石雕之外，还有王建本人的雕像，这是历代墓葬中很特殊的发现。王建本人的石雕像为端坐式，高 86 厘米，头戴折口巾，身穿袍服，腰系玉带。袍袖狭小而长，双手合入袖内。石像的面部深目浓眉，隆准高颧，神态庄重安祥，与历史文献上所描述的王建形象基本相符。石雕像用青石雕成，并敷粉染彩。就雕刻艺术说，显然是继承中、晚唐的传统，具有写实手法的优点，从雕像的造型上，明显地刻画出一个统治者的形象。永陵当中最吸引人眼球的要数棺床，东西南三面均有精美的伎乐舞蹈雕刻，南面刻舞蹈人像两幅，内容为弹琵琶、拍板者各一幅。东面十幅，西面十幅。

这些石雕伎乐舞蹈像，极其精美，

唐代女乐俑

身材丰盈，容貌圆润，尚具有唐代美人的特点。舞蹈者广袖轻舒，好似在翩翩起舞；奏乐者手持乐器，或吹、或打、或奏，表情自然，神态生动逼真，俨如一支五代时期宫廷舞乐队伍的缩影。这组舞乐石雕，不仅是难得的精美艺术品，也是古代音乐舞蹈史的重要形象资料。

在墓室内棺床旁，两侧列置十二尊半身圆雕负棺力士像，石像高六十余厘米，均为立体圆雕像，好像从地内涌出一般。头戴盔帽，面靠棺床，作手扶抬床之状，他们正在以全身之力集注于手腕之上，把整个棺床牢牢地抬起。其雕工之精巧，表

石雕乐俑神情轻松愉快

中国古代陵墓雕塑

情之真切，确属难得佳作。除了陵内保存的地宫建筑和石刻浮雕之外，还从墓中出土了许多重要的文物，它们都是研究中国唐、五代历史与建筑、绘画、雕刻、音乐、舞蹈等艺术的珍贵资料。

钦陵墓入口

2. 钦陵陶塑

钦陵是五代南唐烈主李昪的陵墓，坐落在南京市南郊祖堂山西南麓。其地下宫殿全长21米，中间通道有三个主室，两侧共有十个侧室，均雕梁画柱。分三进，前两进为砖砌仿木结构，后进全以青条石建筑，规模最大。石门楣上的双龙戏珠浮雕，神彩飞动，门两侧石壁的武士浮雕虽然披甲戴盔，足登

钦陵男俑

祥云，却过于丰腴，一副懒散的样子。墓内除一些石浮雕外，还出土了一百三十余件陶塑，有侍者、属吏、舞女俑以及动物、怪兽等。其中舞女俑造型活泼动人，表情妩媚，此时的陶俑已经往新的形式发展，是宋代彩塑的开端。

海州刺使赵思虔夫人王氏墓，出土木雕侍从女24件，有坐有立。有的头梳高髻，鬓发盖耳，圆脸，着束腰长衣；有的头梳方形或圆形发髻，上插簪饰，身着方领长衣。雕刻手法颇为简单，耳目口鼻，多轮廓模糊，有的仅有个椭圆形的头。1975年邻近扬州市的邗江县，出土一座无墓志可考，但可能属于吴国的墓葬。死者为一中年妇女，根据出土随葬器物丰富的情况，有人疑是吴太祖杨行密的女儿寻阳公主的葬所。此墓随葬木雕俑44件，包括神怪俑和镇墓兽，基本保存完好，雕刻手法也比上述王氏墓的木俑细致。如其中男俑有执盾武士、执笏文臣和头戴风帽或幞头的侍从，女俑中的侍女，有大有小，均为高髻，拱手正立，舞俑则是用四肢关节可以活动的木块镶成，外穿丝质衣裙，以便于活动、舞蹈，这种精制的舞俑，是以前极

钦陵浮雕

钦陵陶塑

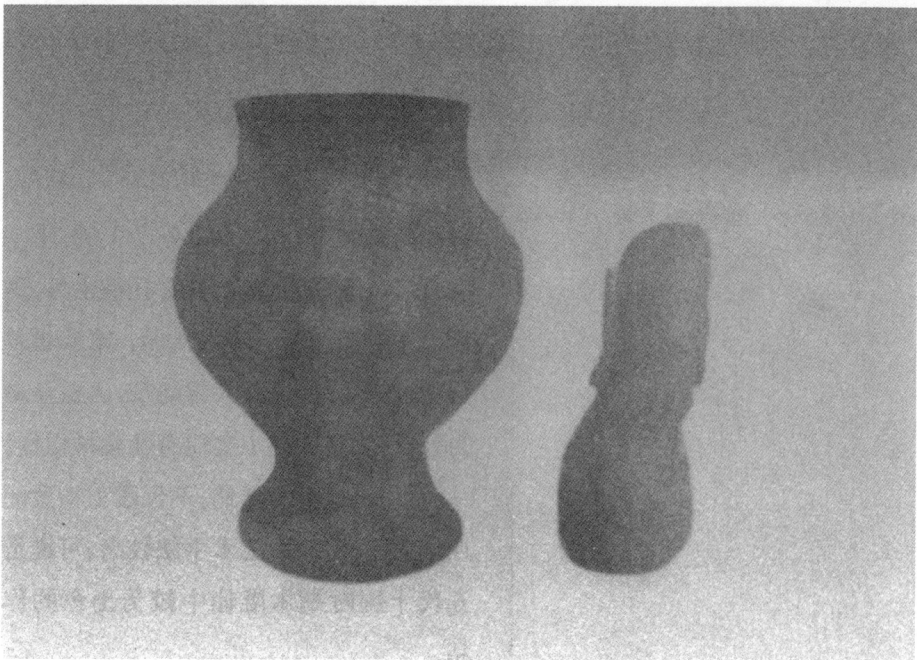

隋唐五代陵墓雕塑

钦陵木雕俑形态各异，栩栩如生

少见的。十二生肖俑则是幞头长袍，双手托持生肖，这种运用象征性手法的生肖俑，隋代也曾出现过。另外，还有人首蛇身、人首鱼身的卧俑，唐代人墓中也偶有此类神怪俑。一般说来，这批木雕俑，不仅雕工精致而且体躯比例匀称，艺术手法较高，可说是五代十国时期木雕俑中较为出色的作品。

四 宋元陵墓雕塑

巩义宋陵石兽雕塑

巩义宋陵石像雕塑

（一）宋辽金元陵墓大型石雕

五代十国的分裂局面持续了半个多世纪，直到后周禁军统帅赵匡胤发动"陈桥兵变"，夺取后周政权，建立了皇权高度集中的北宋。北宋皇陵区位于河南巩义西村、孝义等地，包括宋太祖赵匡胤永昌陵在内的七个皇帝陵寝和赵匡胤之父的陵墓外还有二十余座皇后陵以及百余座大臣墓。北宋的陵墓一改以前的作风，开始按风水选墓穴，讲究背水面山，南高北低的布局，陵墓前大多立石人、石兽，沿神道两侧排列有整齐对仗的精湛石雕，由北往南有：宫人与内侍

中国古代陵墓雕塑

巩义宋陵石羊雕塑

石雕各一对，侍立于南神门西侧的为宫人，陵台左右的为内侍。宫人雕像眉目细长，双肩消瘦，束发簪珥，拱手而立，女性的特征惟妙惟肖，内侍雕像，体态微胖，神情拘谨，手持体现其身份的球仗和拂尘。四门石狮各一对，其中尤以神宗永裕陵南门石狮雕像最为精美，武士雕像一对，为神道两侧立像的排头兵，虽然历经一千多年的风雨剥蚀，但雕像甲胄的纹饰仍然细腻传神。文武朝臣雕像各两对，文臣持笏，武臣挂剑，恭立神道两旁，象征着宫廷百官朝仪。石虎、石羊各两对，虎是尊严与高贵的标志，羊个性柔顺，形态淑美。自汉晋以来帝陵之前常置石虎、石羊为祛邪之物，仗马与控马官石雕两对，角端石雕一对，瑞禽石刻一对，石象与驯象人石雕一对，望柱一对，望柱类同华表，是意求吉祥的柱型石雕，望柱南为乳台一对，象征着子孙发达、繁衍万世、吉祥如意。

巩义宋陵石雕布局、题材、形式大致沿袭唐代陵墓雕刻的风格，但又有创新，布局紧凑，技法多样，把线刻和多种技法融为一体，整体造型协调统一，富于装饰性，是后世陵墓雕塑的一个典范。

巩义北宋时期皇陵石像

巩义北宋时期皇陵石像马、马夫雕塑

宋元陵墓雕塑

巩义北宋时期皇陵石人雕塑

（二）陪葬雕塑

　　河南的方城盐店北宋宣和元年疆氏墓出土石俑三十余件，有文吏、武士、侍从、马夫等，人物神态各异，刀法纯熟，线条明朗但比例失调。江西景德镇出土瓷俑三十余件，大部分为杂剧俑和侍从俑，造型圆润但比例失衡，装饰性极强，元代没有以俑陪葬的习惯，只有少数的墓穴沿用旧的制度。

五

明清陵墓雕塑

全国重点文物保护单位

十三陵　献陵

中华人民共和国国务院

明清是中国古代陵墓雕塑发展的尾声，明朝是由朱元璋建立的，朱元璋就是明太祖。为了推崇皇权，朱元璋恢复了预造寿陵的制度，并且对汉唐两宋时期的陵寝制度作了重大改革。这些改革表现在很多方面。首先，陵墓形制由唐宋时期的方形改为圆形，以适应南方多雨的地理气候，便于雨水下流不致侵润墓穴，所以，这一时期还非常讲究棺椁的密封和防腐措施，墓中的尸体一般都保存得比较好。其次，陵园建筑取消了下宫建筑，保留和扩展了谒拜祭奠的上宫建筑，相应地取消了陵寝中

明十三陵石象

中国古代陵墓雕塑

明十三陵石刻

明十三陵骆驼石雕

明清陵墓雕塑

明十三陵之献陵是我国重点文物保护单位

留居宫女以侍奉亡灵起居的制度，这是对陵寝制度的重大改革。

（一）陵墓神道大型石雕

1.明十三陵

随着南方园林建筑艺术的发展，明代陵园建筑的艺术风格较以前历代都有较大的突破，形成了由南向北、排列有序的相对集中的木结构建筑群，这是明清陵寝制度的一个显著特点。明成祖迁都北京以后，明代诸皇帝的陵墓区大都集中在北京的天寿山，统称为"明十三陵"。

明十三陵位于北京市昌平县北十公里天寿山南麓，始建于明永乐七年，从

中国古代陵墓雕塑

104

明成祖朱棣葬在这里之后，一直到明朝灭亡，又有十二个皇帝葬在这片陵寝之中，所以便将这处陵墓群称为"明十三陵"。明成祖朱棣的长陵在整个陵区的中心位置，长陵是朱棣与徐皇后合葬的墓。朱棣是一个颇有建树的帝王，他曾命翰林院学士解缙等负责召集天下文士三千人，编写了举世无双的《永乐大典》，并亲自为此书写了序，这部空前的巨著，成为研究中国历史、文学艺术的宝库。长陵规模宏大，气势雄伟，布局合理，为中国古代建筑史上的杰作。陵园纵贯南北，由三个院落组成，陵前有一条长约十五米的神道，神道两侧排列着石像生十二对，石像生

明十三陵全景

明清陵墓雕塑

明十三陵石人

是陵墓雕塑的一种，使用巨大的石块雕琢而成的以模仿真实的动物及人物形象的雕塑艺术。石像生的由来可追溯到西汉时期，西汉时起，帝王陵墓开始设置神道，此后，神道两旁就有了石像生的出现，一般来说，石像生包括动物和人物两种，动物石像生常见的有狮、虎、骆驼、马、大象、麒麟等，而人物石像生通常只有文臣和武臣两种，是模仿当时朝中的人物原型来进行雕造的。石像生相立对峙，造型生动，比唐宋帝陵的石雕体态显得更为壮观。石雕全部用整石雕成，体积庞大，整体造型简洁逼真，

清东陵神道及两侧石雕

雕工精细，布局灵活，与空间和谐统一，其中石象和石骆驼最为高大，石骆驼为两对，一对立式，一对卧式，立着的一对高达 3 米，长约 4 米，宽约 1.5 米。卧着的骆驼不如立着的高，但整体状态庞大敦实，形象逼真。这些石雕均是由整块石头雕刻而成，个个生动威猛，气势雄伟。

2. 清东陵和清西陵

清朝，是中国历史上最后一个封建王朝。清入关前，努尔哈赤的福陵、皇太极的昭陵以及清远祖的永陵，统称"清初三陵"。其中，福陵位于辽宁省沈阳市东郊的丘陵地上，

明清陵墓雕塑

清东陵蹲兽

前临浑河，背依天柱山。清入关以后，先后共有十个皇帝，除末帝溥仪没有设陵外，其他九个皇帝都分别在河北遵化县和易县修建规模宏大的陵园。由于两个陵园各距北京市区东、西一百里，故称"清东陵"和"清西陵"。

清东陵和清西陵，是中国现存规模最大、保存最完整的帝王陵墓群。与历代帝王陵园相比，它的年代距今最近，影响也较大，在陵寝发展史上处于突出的地位。陵园的布局与明代相比也发展到更成熟的阶段。按照从南到北的顺序，都由石像生、大碑楼、大小石桥、龙凤门、小碑亭、神

中国古代陵墓雕塑

厨库、东西朝房、隆恩门、东西配殿、隆恩殿、琉璃门等大小建筑组成，每座帝陵附近一般都附有皇后和妃嫔的园寝。

（1）清东陵

清东陵在河北省遵化县的昌瑞山下，是清朝入关以后营建的最大的陵墓区。陵墓雕塑有地上和地下两种形式，地上的包括石像生、石五供等圆雕，地下雕刻则指附在建筑上的雕刻，多是浮雕，从历代的皇陵来看，陵墓地下雕塑多以画像石、画像砖为主，而且这也是地下雕塑的主要形式。地宫也称玄宫，是陵墓中最具意义的部分，因为建造的奢华程度不亚于地面的宫殿，

清东陵石狮

明清陵墓雕塑

肃穆庄重的龙头石刻

所以也叫地下宫殿。裕陵地宫是清东陵陵寝中一座极其豪华的地下宫殿，宫殿内布置有许多不同题材的艺术雕刻，有八大菩萨像、四大天王像等，还有一些佛教用品，如佛珠、佛八宝等，基本都是浮雕，这些浮雕造型生动、形象逼真，具有较高的艺术价值和佛教文化价值。在地宫的石门上，也分别设两扇门，每扇门上都雕刻有一尊菩萨像，门口两边则雕刻着一些咒语和图案，第一道石门的两壁上雕有四大天王，其中，东侧雕有西方广目天王和北方多闻天王，西侧为南方增长天王和东方持国天

形象生动的清东陵石象雕塑

王。东方持国天王名叫多罗吒，手持琵琶，相传住在须弥山的黄金顶上，为乐神的首领。天王面部五官和右手部为高浮雕，形象突出，其余部分均为浅浮雕，线条细腻轻柔，天王双腿穿靴，腰间佩戴金属饰件，尽管线条轻细，却仍能体现人物形象的强壮和英勇。

整个地宫形象众多，雕刻技艺精湛，虽然题材有些单调，但却突出了裕陵地宫的性质，并因独特的雕刻艺术和浓郁的佛教气息被誉为清代陵墓石雕艺术宝库和地下佛堂。

清东陵孝陵是顺治皇帝的陵寝，是清东陵的第一座陵寝，也是清入中原后第一座皇

明清陵墓雕塑

清东陵石龟

家陵墓建筑。孝陵神道的两侧共有十八对石像生，分别有狮子、大象、麒麟、石马、武将、文臣等，陵前的文将头戴文官帽，表情肃穆庄重。外穿补服，形式略长，袖端平口，有对襟的也有斜襟的，是清代官服中的一种主要形式。胸前绘有动物图案，看上去像打在衣服上的补丁，表示吉祥尊贵，也是官员等级的象征。石像生项上带的朝珠，是由不同大小的珠宝穿成，朝珠下垂至腹部，双手紧护，表示对朝廷的尊重。清朝文官的补子以等级划分为一品鹤、二品锦鸡、三品孔雀、四品雁等不同的图案，孝陵的石像生是三品文官。

石五供是陵墓建筑中常用的一种祭祀用品，多设在方城和明楼的前面，位置突出，形象醒目，石五供只有在皇帝和皇后的陵寝中才出现，等级比较低的妃子则没有。在裕陵方城明楼前的广场上，有一个大祭台，祭台上陈设着五件石刻器物，这就是祭祀时用的石五供。石五供的基座为须弥座形式，各部分都雕刻有花纹，整个基座庄重华丽。石五供的最外侧摆放两只烛台，呈瘦高型，采用圆雕的手法，有做装饰的也有不做装饰的，明代的式样较简单，到清代就变得复杂一些。五供中间摆放香炉，圆形，下有三足，左右有耳，式样与古代铜鼎相似，因而也称鼎炉。

清东陵雕刻气势庞大

明清陵墓雕塑

113

清西陵华表纹饰特写

鼎炉上有盖，有方形的也有圆形的，盖上雕刻龙纹及祥云图案，不过据说大多数皇陵中的石五供都是一种象征。

（2）清西陵

清西陵在河北易县城的永宁山下，东距北京市一百二十多公里，是清入关后营建的第二处皇家陵墓建筑群，也是历代帝王陵园建筑保存比较完整的一处。陵区内共有帝陵四座：雍正帝泰陵、嘉庆帝昌陵、道光帝慕陵、光绪帝崇陵。还有不少后陵、妃陵、公主墓等。

泰陵是清西陵中规模最大的一座陵墓，也是最开始建造的一座陵墓，泰陵是雍正皇帝的陵寝，也是西陵陵园的核心部分。在泰陵陵寝前的神道两旁，立有石人、石兽等石雕群，是陵墓石雕艺术的精品。石人分武将像和文官像两种，石兽有大象、石狮、石马等，这些不同形态的石人、石兽还各自有不同的寓意。

泰陵石像生是大象背部驮圆瓶，大象体格庞大，粗大的象鼻和强劲有力的四肢体现了大象强大的力量和气势，而优美的造型，细腻的雕刻又使作品充满了真实感。大象头戴盔甲，象身佩鞍，身上还有如意纹饰，象征了吉祥富贵，是清代雕塑的精品。象身上驮的瓶，取谐音"平"，正是"太平有象"的寓意，瓶身造型别致，瓶体周身浮雕花纹。陵前的石马体格健壮，寓意国家疆域辽阔，而且也寓意清朝是"马背上得天下"，

清西陵石像

明清陵墓雕塑

清西陵文臣像

而文臣武官像则是文武百官的代表，显示了誓死跟随帝王的忠心。泰陵前的石像生虽然数量不多，但都是雕塑中的精品，每一尊石像都雕刻得栩栩如生，无论是石兽身上的鬃毛还是石人身上的衣饰，都雕刻得精美极致，呈现出了极其优美的意境。

前后有三座高大精美的石牌坊和一条宽达十多米、长五公里的神道，通贯陵区南北。神道两侧的石像生有石兽三对、文臣一对、武臣一对。泰陵石像生采用写意的手法，以浓重粗大的线条，勾画出人物和动物的形象，再用细如绣花的线刻，表现细节、花纹，体现了清代石雕艺术独到的雕刻技法。

（二）陵墓陪葬雕塑

明清墓葬雕塑较元代丰富，但总体水平仍然不高，历年来也发现很多陵墓，以北京、四川、山东、上海等地的居多，其中水品略高者当属四川成都、山东邹城，每个墓中都会出土陶俑四五百件，风格类似，造型写实。至此，以俑为主体的墓葬雕塑至清代已走入尽头。

中国古代陵墓雕刻的艺术都是根据天然整石雕凿而成，继承集圆雕、浮雕和线

泰陵石牌坊

刻于一体的商周传统以及我国传统玉石雕刻因势象形的手法，整体造型稳定而强劲，从而形成了中国古代雕刻艺术独特的民族风格。中国的陵墓雕塑，在整个雕塑艺术史中占有极其重要的地位，并且具有现实主义雕塑艺术的优良气质。它不仅充分反映了中

明清陵墓雕塑

国社会的生活现实，而且在现实主义雕塑
创作的道路上放射出灿烂的光辉，成为中
国古代雕塑艺术史中的一朵奇葩。